KARL PUMBERGER-KASPER

Scheidakliabm und Öpfibrocka

Karl Pumberger-Kasper

Scheidakliabm und Öpfibrocka

Geschichten und Gedichte

in Innviertler Mundart

Verlag Moserbauer

Illustrationen
von Helene Pumberger-Kasper

Gesamtherstellung:

Moserbauer Druck- und Verlagsges.m.b.H.
4910 Ried im Innkreis

ISBN 3-900847-59-2

Lieber Leser!

Vielleicht hast Du Dich auf Grund des Titels „Scheidakliabm und Öpfibrocka“ gefragt, ob es sich bei diesem Buch um einen bäuerlichen Ratgeber durch das Arbeitsjahr handelt. Nun, ich kann Dir versichern, dem ist nicht so. Beide Tätigkeiten finden sich zwar in den vielen Aufgaben eines bäuerlichen Arbeitsjahres wieder, doch greifbare Realität soll in meinem Buch zur mystischen Symbolik werden.

Es ist der Baum an sich, der meine Fantasie seit jeher beflügelt. In der Mythologie und Sagenwelt erscheint uns der Yggdrasil, der Weltenbaum. So glaubte man, die Weltkugel, ja das gesamte Universum ruhe in der Krone einer gewaltigen Esche, eben jenes geheimnisvollen Yggdrasil. Wenn nun dieser Weltenbaum in der Sagenwelt weiter lebt, dann sei es mir gestattet, ein kleines Stück aus seinem mächtigen Stamm zu entnehmen, um daraus „Scheidar zu kliabm.“ Scheiter in Form von Gedanken, ja von Träumen, die Sehnsüchte und Fantasien verschmelzen, jenseits der Realität des täglichen Lebens. Scheiter, die, wenn wir sie in uns verbrennen, Wärme spenden. Wärme unzähliger Sonnentage. Wärme vieler Stürme. Und es soll nicht unerwähnt bleiben, Wärme die mitunter schmerzt.

Auch der zweite Teil meines Buchtitels hat, wie sich unschwer erkennen läßt, mit Bäumen zu tun. „Öpfibrocka“ – jene herbstliche Tätigkeit, die dem Baum seine Frucht entreißt, sehe ich ebenfalls als Symbol. Die Blüten – die Gedanken zum Apfel gereift – sollst nun Du, lieber Leser, verkosten.

Freilich erheben diese meine Äpfel keinen Anspruch darauf, allen und jedem zu munden. Es sind naturbelassene Früchte, in Sonne, Wind und Wetter gereift. Vielleicht auch säuerlich oder verrunzelt. So wünsche ich Dir mit den Gedichten und Geschichten manch gemütliche Lesepause. Vielleicht kann Dich das eine oder andere Scheit erwärmen, oder mancher Apfel erquicken. Ich würde mich darüber freuen.

(Karl Pumberger)

Wann hast denn du zon Dichten Zeit?

„Wann hast denn du zon Dichten Zeit?“
so hör is öfter vo dö Leit.
Du hast do andre Arbeit gnua
und schließlö kimmt dann nu dazua
daß deine Kina alle vier
ja á was habm möchten vo dir.
Da fallt ma d'Antworcht oiwei leicht
gegn soiche Fragn bi i scho geicht.
A Gegnfrag stoi i a dö Leit:
„Wann habts den ös zon Schnaufm Zeit?“

Gurten

Du bist scho lang gwen, wia i nu nöt war
über die kann ma lesn zruckaus heiftö Jahr.
Du hast vui dalebt, oft Elend und Freid
hast dars áfghebt an Bodm drinn, mir findtns
nu heint.
Da Ba(ch) is die Adern, er tragt ja dein Nam
und an I(nn) sein broadn Bett drinn, rinnt dei
Herzbluat aft zsamm.
Dös rinnt oiwei z'glei, so genau wia a Uhr
nimmt dö Zeit mit áf d'Roas a da Ewigkeit zua.
Du bist insa Muada, insa Baua und Knecht
wo is denn da sej, der da danka nöt mecht.
Du wirkst oiwei lusti und sejn iss daßt benzt
aber hoamli, dös woas i, hast öfta scho trenzt.
Wer schätzt heint nu d'Hoamat, ois andre geht via
und es gibt sogar Leit, dö si schaman mit dir.
Mitn Redn und mitn Singa, mitn Brauchtum und
Gwand
du bist eah nöt guatgnua, stehst eah z'gschlampat
beinand.
Es is höchste Zeit für a richtigs Vosteh
a Blättl vo ra Oach is áf ra Feichtn nöt schea.
Drum mecht i dar danka und a Bitt schlias i a(n)
grad an dir findt ma an Halt, erinnert uns dra(n).

aft = nachher
benzt = bettelst, bedrängst
trenzt = weinst
Oach = Eiche
Feichtn = Fichte

Mei Sinniern treibt mi dáhi

Mei Sinniern treibt mi dáhi
über d'Äcker, über d'Wiesn
wia a Spuizeig vo an Riesn
mag nöt geh' und mag nöt sitzn'
mag nöt rastn, mag nöt schwitzn
mach koan Punkt und á koan Strih
mei Sinniern treibt mi dáhi.

Mei Sinniern treibt mi dáhi
aufi, obi, zruck und virö
oamoi beankad, oamoi gschirö
oamoi zlodert, oamoi gricht
öfter mit an Brett vorn Gsicht
aus an Blo(ch) voi Fántasie
mei Sinniern treibt mi dáhi.

Mei Sinniern treibt mi dáhi
laßt mi rean und laßt mi lacha
laßt mas z'teifön, laßt mas macha
wia a Strudl drinn an Bah
tánzlt i mar sejber nah
wer i sein mecht, wer i bi
mei Sinniern treibt mi dáhi.

zlodert = instabil, schlecht gewartet
gschirö = zierlich, zart, fein
beankad = roh, ungehobelt
zteifön = kaputt machen

Ná, i los nix drüberkemma

Ná, i los nix drüberkemma
übern Schuaster seine Schuah
ja, d'Fábriksschuah hánd oft schena
aber Blodern kriagst hoid gnua.

Ná, i los nix drüberkemma
übern Schneider seine Röck
hánd do wirklö weit bequema
wia dö Einheitsserienfleck.

Ná, i los nix drüberkemma
übern Tischler seine Tisch
dö kannst nu zon Eihaun nehma
ganz aus Hoiz, koa Plastikg'misch.

Ná, i los nix drüberkemma
übern Bäcker seine Loab
s'Industriebrout werds ja kenna
halberts toagö und koa Farb.

Ná, i los nix drüberkemma
über insa Hoamatspra(ch)
d'Schriftsprach, loßt's mas a so nenna
is a Essen ohne G'schma(ck).

Blodern = Blasen

s'Gegengschäft

Es is a recht a saudumme Gschicht. I bi a Handwerker und kunnt nöt klagn, daß i zweng Arbeit hätt. Da Kramer is a guate Kundschaft vo mir, na ja freili kauf i á fleißig bei eahm ein wegn an Gegengschäft, dös ghört sö. Oa Händt wascht dö ander hoaßts. Wann i bein Wirt wieder amoi a Gschäft mach, dann geh i a halberts Jahr regelmäßig an Bürgertag. Wia gsagt, s'Gegengschäft.

Grad min Doktor feigelts mi. Sákaradi nu amoi. Was i für den scho ois gmacht hab. Oi halberts Jahr braucht a was. Und i kann eahms nöt zruckzahln, i bi nia krank. Dös iss ma scho frei zwida. Iazt hanö ma eh scho d'Mandeln auerdoa lassn, obwois überhaupt nöt notwendig gwön wár und zwo Wárzn áfm - na zwo Wárzn dö á nöt giacht hättn, hanö ma á wegdoa lassn. Sie und Kinder schick i fleißi is Impfm, da a weng was geht, aber dös macht hoid s'Kraut á nöt fett. Nu dazua werdns durö dö Impferei oiwei widerstandsfähiger, so daß áf lange Sicht gsehgn enter a Nachtei is. An iadsmal, wann i bei eahm was montier, sagt a so zwoadeitö: „Du hast hoid a robuste Nátur, koa Gschäft für an Doktor!“ Sákaradi nuamoi, dös is ma an iadsmoi peinlö. Bei da letztn Grippewelln hanö do ghofft, es dawischt mi. Aber nix, es is wia vohext. Wann i a s'Wirtshaus kimm, sitz a mi a niadsmoi wisawie vo den altn Michl, der is eh oiwei vokuihlt und soifert und rozt und roolt wir a Lastwagn bein Schotterabkippm. Und wann a huast halt't a sö d'Händ't nöt vors Mäul und besprengt den halberten Stammtisch, daß scho jeder sein Bierkruag zuahalt. Aber es is ois umsunst gwön. Nöt amoi an Katárrh hanö kriagt. Dann hätt is amoi probiert und hab a paar Wocha lang gstattn Bier a Krácherl trunga, do á vo den Gsüff bin i nöt krank wordn. Ja ja, dös hánd Sorgn. Es hat hoid a jeder sein Binkerl zon tragn.

enter = eher
soifert = läßt Speichel

Und wia oiwei ...

Und wia oiwei, schlaf i vorn Fernseher ein.
Und wia oiwei, wann i einschlaf, reißts mi
na an Zeitl.
Und wia oiwei, wanns mi reißt, kenn i mi hint
und vorn nimmer aus.
Und wia oiwei, wann i mi nimmer auskenn,
schalt' i um.
Und wia oiwei, wann i umschalt, dawisch i
d'Werbung.
Und wia oiwei, bei da Werbung, schlaf i ein.
I bi gegn dö Gewalt im Fernsehn, wei i durö
des Gschiassat oiwei munter wia.

Mir ham iazt koan Misthaufm nimmer.
Aber dafür hamma a Sátellitenantenne,
da gibts á an Haufm Mist!

Winters Abschied

I ha an Früahling schnaufm gherd
und trauri hat da Winter grehrt
daß tröpföt hat von Da.
I muas iazt fort, so hat a trenzt
wei d'Sunn scho jedn Tag hejda benzt:
Geh weida, gib hoid na.

Es nutzt ja nix, dei Zeit is um
iazt schlaun di, druck nöt umadum
und pack dei Binkerl zsamm.
Da Früahling wardt voi Ungeduild
sei Schnaufer, der is warm und wuid
so geh iazt ohne Gram.

Oiß hat sei Zeit, so siags hoid ei
zwö brauchst do nöt beleidigt sei
geh weida gib a Ruah.
Was woast den du vo Gras und Blüah
dei Reich dös is da Schnee und G'fria
du deckst dös schea oiß zua.

Oa Trost, der bleibt für di besteh
da Früahling der muaß á bald geh
á wannsn gar nöt gfreit.
Was er zon Blüahn und Wachsn bringt
und juchötzat von Lebm fürsingt
is do füa ander Leit.

Da Summa iss der akássiert
á wann er sejbm oft gránti wird
wei scho da Hörigst páßt.
Dö süssan Sachan dö ghern mei
so herst an Hörigst gierö schrei
an Summa los i s'Gfrást.

Drum Winta geh und schau nöt zruck
du baust iazt für an andern d'Bruck
kannst das á nöt vosteh.
Wannst wieder kimmst, i bi ma gwis
daß dann a Bruck scho hergricht is
für di zon Drübergeh.

grehrt = geweint
trenzt = geweint
benzt = gebettelt, bedrängt
schlaun di = beeile dich

An Fernsehn hams nix gsagt davo(n)

An Fernsehn hams nix gsagt davo
und trotzdem fangt da Früahling a
und d'Sunn scheint scho so warm.
Da Stárl singt vorn Kobö s'Liad
da Krokus hintern Haus ent blüaht
da Winter is scho gstorbm.

An Fernsehn hams nix gsagt davo
und do geht s'Misteinribeln scho
und d'Bám treibm langsam aus.
D'Motorrádl siagst wieder fahrn
da Bua hat d'Zipföhaubm verlorn
da Wind tánzelt ums Haus.

An Fernsehn hams nix gsagt davo
und trotzdem ranán d'Kodan scho
i glang ums Summergwand.
Da Splitt wird vo dö Stráßn g'kehrt
iazt han is á an Fernsehn ghört
da Früahling is an Land.

Misteinribeln = landwirtschaftliche Tätigkeit im Frühjahr
raná = Brunftlaute männl. Katzen

Vürö geh

Nöt amoi zruckausschau
han i mi traut
vürö geh, vürö geh
hats grad volaut't.

Aber von Vürögeh
han i mi gfürcht
d'Finstern vozeit hoid vui
mehra wia s'Liacht.

Stehbleibm und Wurzelschlagn
wár gar nöt schlecht
spitzt di neammt, spritzt di neammt
gehts dar recht schlecht.

Wern da grad d'Blättln dürr
wannst oiwei stehst
is á fürs Zruckausschau
besser wannst gehst.

Ostern

Herst das wia heint Glockn leitn
wia da Klang von Kirchal schwingt
und a Sturm voi Seligkeitn
d'Hoffnung über s'Land herbringt.

Gestern nu hánd Toud und Trauer
übern Dörfi ausbroat gwen
wia a dickö gráwe Mauer
hörst koan Schnaufer und koa Redn.

Grad a Kreiz is dunkl gstandtn
hätt uns was vohoaßn soilln
aber koana hats vostandtn
koana hats begreifm woilln.

Erscht bein Grab hebt si da Schleier
blengitzt d'Sunn und wármt uns s'Herz
schauma bis zon Grund von Weiha
sehgn koan Toud und á koan Schmerz.

Herst das wia iazt d'Glockn klingan
Toud dei Stachl hatt koa Schneid
Osterlieder dö ma singan
weisn uns a d'Ewigkeit.

gráwe = graue
blengitzt = blinzeln

Früahling

Da Bám vorn Fenster mecht sei Blüah herschenga
da Nachbaua tuat d'Summerroafm áf sein Karrn
an Hörigst werd da Bám voi Öpfi henga
und áf da Straß werdn heiftö Auto fahrn.

A Imp hat a da Öpfiblüah dra(n) gsutzlt
da Nachbaua hat s'Auto frisch poliert
do nächstn Tag scho hats sein Buam mitn Auto
gwutzlt
und i ha mar áfs Brout a Heni aufi gschmiert.

A Reif is kemma, aus iss mit dö Öpfi
dö Summerroafm, hert ma, warn dran Schuid
da neiche Wagn hat wieder mehra Knöpfi
und da oid Bám wardt weida voi Geduid.

Karrn = Auto
Hörigst = Herbst
heiftö = viele
Imp = Biene

Da Ba(ch)

I gspür oft an Herzn
vo da Kindheit an Gschma(ck)
dann denk i ois erschtas
voi Freid áfn Ba(ch).

Áf sei(n) Hinum und Herum
sei(n) voschie(d)ns Temprament
áf dö ausgschwoabtn Erl(e)n
dö an Ba(ch)ufer stehnt.

Áf weißgwoschnö Stoana
áf Muihkoppm gwiß
und áfs s'Gschimpftkriagn bein Hoamgeh
wann ma einigfalln is.

Und eingfalln dös bin i
toan zehnmal nöt zua
aber nöt grad an Summer
á bei Frosttempratur.

Do wira á ankimmt
ob sanft oder wuid
koa Plätzerl hats gebm
wo i liaber hätt gspuid.

Heint fliagns mit dö Kin(d)er
an Urlaub a s'Meer
und an Strand a da Sunn
da brat sös dann her.

Mag schö(n) sei(n) dö Brandung
und Palmen und Strand
do was is dös ois
gegn unser schöns Land.

Gegn zuagwochsne Wásserl
gegn Tümpfi, gegn d'Wihr
gegn huizerne Brückl
und Sumpfdotterblüah.

Was gibts den nu Schönas
wir an Bácherl sein Liad
bringt mö heint nu zon Schwärma
und erhellt mar mei(n) Gmüat.

Sei(n) unentwegts Plätschern
is dö schönst Litanei
da rinnt so vui Sehnsucht
und Frieden vorbei.

Zon Vozoin woas a heiftö
vo früher und heint
a Seelndoktor is a
für dö Wundn der Zeit.

Sein Botschaft dö murmelt
uns s'Wásserl ja zua:
Eile mit Weile
dann findt'st á dei(n) Ruah.

Tümpfö = tiefe Stelle im Wasser
d'Wihr = das Wehr
heiftö = sehr viel

Singapur

Oiwei toans dáhi, haltn mars frei vorübö, wei i heia wieder z'Singapur gwön bi. Aber a weng a Erholung braucht da Mensch. A weng an Urlaub, wann ma sunst eh á nix hat wia d'Arbeit. Vo sechsi a da Früah bis achti áf d'Nacht dö mehran Tág. Kreizteifö nu amoi und da hánds da neidö um dö 4 Wocha Singapur.

Vo sechsi a da Früah bis achti áf d'Nacht und an Samstag geht da Pfusch bis zon Finsterwerdn. Und dann zreißn sa sö s'Mäu wegn 4 Wocha Singapur. I lebat lang nimma, wann i meinö 4 Wocha Urlaub z'Singapur nöt hätt. 60, 70 Stunden d'Wocha und áf d'Nacht á koa Ruah dös zehrt a dö Nervm, dös kannst ma glaubm. Aber es muaß sein, wia kunnt i ma sunst meinö 4 Wocha Singapur leistn!

Mhm

Sagst oiwei grad mhm und ásso. Dein Gegnüber werd sö denga, du hast koa eigene Meinung mit dein ewign Mhm.

Für an Storáx werd a dö haltn, für an Hörögstgroupa an doigatn. Für an Nachisager. Aber was sollst den doa, wannst nix eizwicka kannst, wei dei Wisawie s'Re(d)n nimmer áfhört. Kám hast Atmt ghoid und mechst was sagn, da fallt eahm scho wieder was ei. Na sagst hoid wieder mhm. Aber áf oamal wirds eahm z'trábö und er schaut áf d'Uhr und sagt: „Jessas, so lang is scho. I derf schau, da i weida kimm und pfüat di God, is recht interheitli gwön. Vielleicht páßt's wieder amoi, dann unterhaltn ma uns wieder". - Mhm.

D'Bitt-Tág

Gestern, hat a gsagt, wás ma frei z'trábö wordn. s'Wetter hat a weng zon Regna hergschaut, iazt hanö an Mais nu gspritzt. Dann bin i a Kira wei d'Bittág gwön hánd. Zo da Litanei bi i nu z'recht kemma. Grad wias ghoaßn hat: „Vor einer Vergiftung der Erde, verschone uns, o Herr"- bi i ei bei da Kiratür.

Da Lokalaugenschein

Vorögö Wocha han i bei meiner Werkstatt an Lokalaugenschein ghabt vo da Behörde. A Anzeige vo dö Nachbarn. Meine Maschinen hánd z'laut, hoaßts. Wir i an Hofrat vor da Werkstatt heraust mei Geburtsdatum gsagt ha, hat a dreimal nachifragn müssn, wei a mi wegn an Nachbauern sein Rasnmäher nöt verstandtn hat.

Mei Loatal

Ha heint hinta d'Hüttnplanga
mei kloans Loatal umigstoid
wei i ka nöt aufiglanga
wo i aufiglanga soid.

Ja, vo mia aus kinntz mi flaugga
kinntz mi áfn Pranger stoin
enga Kraut ka i nöt raugga
und i mag mi nöt vostoin.

Ná, i ha oafach koan Planga
nöt áfs Suiba nöt áfs Goid
wei i ka nöt aufiglanga
wo i aufiglanga soid.

Glaubts mars, i bi nöt so tüchti
mecht is á oftmechti sei
kloa bin i, dumm und vonichti
und mei Liacht a matta Schei.

Laßts mar do mei Windgspui fanga
oafach zwegn an Fanga hoid
wißz i ka nöt aufiglanga
wo i aufiglanga soid.

flaugga = schlagen, hauen
Windgspui = flatterhaftes Fantasiegebilde

Da anda

Da Stoa wár gern a Grashalm
da Grashalm gern a Bám
da Bám wár gern a Vogl
da Vogl hat an Trám.
Er wár so gern a Adler
und broatat d'Flügl aus
und flog, von Wind a d'Heh ghebt
furt vo sein Wipföhaus.
A niads siagt vo den andern
grad Liacht und Glanz und Freid
do einwendi is iawend
a tiafö Traurigkeit.

Er wár nöt zwida …

Er wár nöt zwida, aber sie. Er is a armer Teifö. Dö iss an Stand und laßt'n nöt bei da Haustür ei, wann a amoi a weng länger nöt hoamkimmt. Dös nächst hamman umra halbö Drei a da Früah zo da Haustür zuigloahd und wirö um viertl über Söchsi a d'Arbat gfahrn bi, hanön nu liegn sejgn neman Wändtbirnbám. Dö Bissgurn, dö elendi. Dö iss an Stand und bett eahm d'Sunnbänk áf.

Hatts eh so schö. Den ganzn Tag dahoam. Dö fünf Kinder und dös Pátzl Wegarbeit wárn ihr á nu z'vui. Da spinnts glei, wann er na Feierabmt nu a weng eikehrt und nöt glei hoamkimmt zo da Mádam. Er is a recht a ruahliger Kund. Geht nöt warm und nöt kalt danner davo. Aber wiara a weng was trunga hatt, da wird a. Da interhalt a dö ganz Gaststubm.

Naja, hier und da müaß ma scho a weng nachhejfen. An Wirt an Deuter gebm, der kennt si eh glei aus und schütt eahm a Stámperl Sauheidern an Bierkruag ei. Du, der hebt an, da wird a. Dös nächst hama ja do wieder a so glacht damit. Ziagt a nöt áf oamal d'Söckl a, tunkt's toifmächti a sei Bier ein und suzelts dann aus. A so a Gaudi. Dann ham ma eahm nu an doppeltn Korn zahlt, dára nöt dáfriast, wanna sie wieder nöt eilaßt und dann haman hoam gfüahrt und zuigloahd. Wia gsagt, er wár nöt zwida, aber sie.

A guater Gruh

Neili bin i wieder amoi a da Stadt gwön. Na, und wia i da a so dáhi geh durö dö enga Gássln, kimmt ma a so a Gáchblondö entgegn. Du dö hat an Duft nacherzogn. I woaß nöt, wia i sagn soid, frei a weng na Lavendl hats gschmöckt. Áf jedn Fall han i den Gruch zehn Meter danah nu a da Nasn ghabt. Und wia i gmoand han, iazt voziagt a sö geh, da schiaßt vo an Gschäft a so a Mánagertyp auer. Na der hat gstunga. Wir Kodan bán Revier makiern. Guatöng so scharf, aber do a weng nah Veigerl. I bi grad frouh gwön, da i a frischgwoschns Schneitztüachl mitghabt han, weis mi gwis zehnmal grissn hat. Und kám hanö gmoant iazt ka(nn) i geh wieder amoi gscheit Atmt hoin, da kemman ma scho wieder zwe entgegn. Wei da Wind a weng durö zogn hat bei den Gássl, iazt hanös scho vo oier Weitn gschmöckt. Da oa hat grásslt wia a Goasbock, vielleicht nöt ganz so scharf und da ander hat a so gsüaslt, daß für an Diabetiker scho bedrohlich gwön wár. Mir hats frei an Atmt voschlogn. Wir i dann vorn Hoamfahrn zu mein Auto ganga bi, is ma nu oanö übern Weg grennt mit a ganz a intensivm Fahne. Der Gruh hat sö ba mein Gwand anghängt, da dös ganz Auto gstunga hat. Wir i dahoam ausgstiegn bi, hanös nu gschmöckt. Da bi i glei an Goasstall ein, han a paar Mal tiaf Atmt ghoid und hamö gfreit, da i den Gstank aus da Nasn bracht han.

Kodan = die Kater
zwe = zwei männl.
gschmöckt = gerochen
guatöng = mindestens

Wann s'Mari voschwindt

Áfm Steig bi i ganga
und da Roa hat mi gweist
vorn Hunga da Planga
do bald han is gneißt.

Hans gspüahrt meinö Wurzn
a wann i s'nöt siag
dö háns, dö mi trängan
wo i s'Wosser herziag.

Da ka(nn) i mi einhabm
ob Freid oida Load
do nehmts mar mein Jánker
dann kriagts á mei Pfoad.

I ha meine Scheida
sejbm oiwei klom
und an Gedángan
an Ofm eigschobm.

s'Feier hatts gfressn
vobrennt und voruaßt
d'Hitz hat mi gwármt
do von Raug han i ghuast.

Da Buda is z'runna
und Bám hánd voblüaht
i han mars volegt
dö lötzt Strofm von Liad.

Da Steig is voschwundtn
da Roa is vokauft
zwe wuidfremde Kundtn
ham um d'Maristoa grauft.

I los eahs nöt gejn
dá s'Mari voschwindt
wei i sunst a da Oaschicht
mein Steig nimma findt.

Steig = schmaler Fußpfad
gneißt = bemerkt
Mari = Grundgrenze
Jánker = Joppe, kurze Jacke
Pfoad = Hemd

Meine Wanderschuah

A Tür geht áf und wieder zua
mag über d'Schwelln nöt geh
mit meine ledern Wanderschuah
da bleib i draußn steh.

Da schau i grad bein Fenster ei
siag s'Liacht und d'Wärm und d'Ruah
und trotzdem tuat mi s'Draußtsteh gfrei
und meine Wanderschuah.

I dráh mi um und geh davo
von Eischau ha i gnua
es kitzln mi ja d'Soina scho
vo meine Wanderschuah.

iawend = manchmal

Ausghockt und doingstoid

Ausghockt und doingstoid
vo zierli koa Röd
und grad a so gfallst mar
s'braucht koa Roafmesser nöt.

Ausghockt und doingstoid
wirst bist so soit'st sein
tua nöt lang kitt'n
sunst kehrst nimmer dein.

Ausghockt und doingstoid
vostehst das á nia
i gfrei mi ganz nárrisch
áf a Schiefan vo dir.

Sunnawendtn

Sunnawendtn
Hoiz ankentn
Sunnwendkäferlfliagn
barfuaß renna
s'Gwirkst nöt kenna
s'Böschl umibiagn.

Sunnawendtn
s'Gfui ankentn
dürschtn neman Brunn
hida(n) renna
s'Mias vobrenna
friasn a da Sunn.

Sunnawendtn
s'Geld ankentn
unta d'Hoanzn greiln
nöt lang strubön
d'Tág bejubön
áf d'Sunnwendkäferl beidn.

Ausghockt und doingstoid = nicht fein ausgearbeitet
Roafmesser = Schnitzmesser mit zwei Handhaben
Schiefan = Holzsplitter
Sunnawendtn = Sonnenwende
s'Gwirkst = Gewürge, Schwierigkeit
hida = weg von …
s'Mias = das Moos (auf Dachziegeln)
Hoanzn = auf einem A-förmigen Holzgestell aufgebrachtes Heu

s'Auto

Da mein hat 162 PS. Lederbezug, Abs, Metalic-Lackierung, Klima, dann dös Satellitennavigationssystem, dö Sachan hoid alle wos ma a weng braucht. Ja ja, 562.000 hat a ma kost. Hánd scho teier heint dö Auto, wannst a weng was drinn habm mechst. I fahr do nöt mit a so an ausgrámtn Háferl umanand. Mit a so an Hungerleiderauto. Mit a so a „I mecht gern und ko nöt"- Markn. Kimmt scho was zsamm dös ganz Jahr, mit a so an Auto. Dö Vollkáskoversicherung reißt scho ein. Aber braucha tuast das, geht ja oamoi d'schnell und dö 562 Tausender liegnan an Grabm drinn. I sag oiwei, wannst s'Auto jedn Tag brauchst zon Arbeitfahrn, is dös koa Luxus nimmer. I fahr do jedn Tag 6 km. 3 hi und 3 zruck. Du da kimmt was zsamm an Jahr.

Wannst vui áf da Straß bist, kimmt da scho was unter. Leit fahrn umanant, dö habm von Autofahrn wirkli koa Ahnung. Aber scho gar koanö. Dös nächst hanö wieder amoi a so an Spezialistn dawischt, áf da Autobahn. Hier und da mechst hoid do deinö 162 Rössl amoi a weng renna lassen. Aber was da áf dera Autobahn ois unterkimmt, i sag da was. Vo an Sicherheitsabstand habm gwisse Leit überhaupt koa Ahnung. Krach i da dösnächst mit guatö 170 dahi und vor mir a so a Frötta mit a so an fahrbaren Rucksack. 130 is a gfahrn, áf da pfeigradn Autobahn. Iazt pick i eahm eh scho áf 5 Meta hibei, aber moanst der ziagat an, daß da Sicherheitsabstand wieder hergstoid wár? Koa drandenga. Da brauchst di wirkli nöt wundern, daß so vui pássiert.

Mit was für hundigö Auto da ma d'Leit oft fahrn siagt, dös mechst nöt moan.

Uramentsgrouße Kundtn, zwengan sö oft in so kloanö Dosn ein. Dös kimmt ma vüa, wia wann sö oana an Anzug um zwoa Nummern z'kloa kaufat. A gscheits Auto derf do heint finanziell koa Problem nimmer sein. Es gibt iazt den neichn Fortbewegungskredit, bei den han i zuagschlagn.

Iazt hanö ma nu a so a Plástikfolie kauft, dö i übers Auto drüberspann a da Gárage drinn. A paar Schindln hán hi und wanns an Regn recht herhaut, tröpföts oiwei a weng áfs s'Auto aber. I derfats eh amoi herrichtn lassn, aber ois áf amoi geht nöt ...

Stau

Steh in an Stau mitn Wagn
was werdn dö Leit woi sagn
wann i nöt kimm
vosám i dö Konferenz
mit aller Konsequenz
koa Disziplin.

Ruckalweis geht's vora(n)
schau mar d'Umgebung a(n)
han ja dáwei
glei nebm da Autobahn
fangan scho d'Wiesn a(n)
schmeckts guat von Hei.

Wieder zehn Meta grad
Herrschaft, heint kimm i z'schpat
so a Malheur
wos i eah gen vozoi
wia is erklärn soi
hat mar grad s'Gscher.

Woiknberg hintan Hoiz
Troadfejda, Bauernstoiz
Roa voia Blüah
ruckalweis geht's vora
sche is dö Landschaft scho(n)
siagt ma sunnst nia.

Und da vorn a da Stadt
wo Zeit zwoa Krewin hat
mit dös dö fangt
páßt heint ganz gwiß áf mi
kimm oiwei náha hi
bis mi dáglangt.

Vorn áf da Windschutzscheibm
tuat da Wind Briafal schreibm
mit sein Pápier
a Blättl von Oachlbám
normalerweis sáhg is kám
schaut áner zu mir.

Oachlklaubm unt bán Bah
i g'spüa an Kindheitsgschmah
tiaf in mia drinn
d'Seej vo dö Dárn vodeckt
und vo da Wejd vodreckt
hat lang gnua gli(tt)n.

Oiwei nu schau is a(n)
s'Blättl an Wischer dra(n)
les Zeiln um Zeiln
hinta mir hupt a Narr
wei i nöt nachö fahr
deit vo da Weitn.

Dann is da Stau vorbei
d'Straß und i wieda frei
d'Windschutzscheibm láá
hats woi da Wind scho furt
liegts iazt bán Laubat dort
wia wann nix wár.

Krewin = Krallen

2

Das Gesetz des Stärkeren

I han a so an Mittelklassewagn. Eher nu a weng kleaner. Geht ganz guat und braucht nöt vui. Aber hia und da muaß a mö do a weng ärgern damit. Wegn an Gesetz des Stärkeren. Is enk sicher á scho pássiert. Da fahrst áf an schmoin Stráßl dahi mit dein Schnauferl und áf oamoi kimmt a Gegenverkehr. Oana muaß áf d'Seit fahrn, nutzt oissand nix. Iazt kimmts dráf an wer da entgegn kimmt. Iss a Graoßer a Schwárer, da kannst eh scho nöt aus. Da muaßt as Bánkett oider a d'Wies ein, je nachdem wia broat dös Stráßl is. Wei der, der da entgegn kimmt mit sein schwárn Kübö tuat koan Rüara, der fahrt eglbroat daher. I moa der lossats dráf ankemma und fahrad di übern Haufm. Je greßer da Kübö, umso kleaner da Charákter.

Dös nächst iss ma dreimal hintereinand a so ganga. A Mercedes, a BMW und a Porsche. Da bi i scho mehra a da Wies drinn gfahrn wia áf da Straß. Söchanö Fálottn. Fallert eah leicht a Stoa aus da Krone wanns a weng doifahrertn mit ehnanö frischpoliertn Prestischháferl. Du mit dein kloan Schnauferl muaßt schiagar an Grabm eifahrn wegn dö Bonzn. Wia gsagt, dreimal hintereinand iss mar dös nächst a so ganga und wia i gmoant han i bi wieder mit oi vier Rádl áfm Asphalt kimmt scho wieder oaner. Aber dös Moi hats páßt, dös is a Kloaner gwön. Nu a kleanerna wia da mein. Der is ma grad recht kemma áf dö drei groußn aufi. Sofort bin i a weng weiter links gfahrn, da i eahm d'Schneid abkauf und dárás gwißt hat, was gspuid wird. Und dann bin i hi dráf. Du der is ein a d'Wies und hat gschreckt vüragschiaglt hintern Lenkrádl. Dös hanö braucht, da han i mi glei wieder besser gfuilt. Oiss derf ma sö nöt gfalln lassn …

Energie

Dö Energie in unsrer Zeit
á wers nöt glaubt es is soweit
daß mir schen langsam müssn sparn
woi ma nu länger Autofahrn
wei s'Oil, dös hört ma oiwei wieda
is bald scho gar und dös is zwida.
D'Japáner ham da was erfundtn
áf dös ma vielleicht hoffm kuntn
dö fahrn mit Strom, do wia ma hert
genau betracht is's nöt vui wert
wei fahrst du fort und bist recht dráwö
is meistens z'kurz s'Verlängrungskábö.
Drum hat in Österreich a Schlauer
a gwisser Dr. Mucksenauer
in sein Lábor da was entdeckt
was d'Wissenschaft hat ganz gách gweckt.
Er hat da an Motor gebaut
der wirklö einmalig hinhaut.
Der geht mit Gás und iazt werds lacha
dös Gás kinama selber macha.
Es is vo uns, a jeder woas
es handelt sich um einen Schoas.
Do wuist du so a Anlag habm
dann muaßtn umbaun, deinen Wagn.
Da Sitz, der is dann s'Ansaugrohr
vo da weg kimmt s'Gás glei zon Motor
und durch a chemisches Verfahrn
kannst mit dem Düfterl Auto fahrn.
Nur is's hoid so, wia schnell daß'd foahrst
dös kimmt drauf an, wia vui daß'd schoast.
Drum gibts da eigns a Speisekartn
mit dö verschiednen Essensartn
was gáserzeugend wirka toan
da laßt du sicher dann oan fahrn.

An erster Stoi da Erdäpfelkás
erzeugt dös beste Biogás
do á da Rádi, wia ma hert
is zur Gáserzeugung recht vui wert.
Und trinkst zon Rádi nu a Bier
dann fahrst dö andern alle via.
A d'Formel 1 is intressiert
obwois bestimmt bald umgnennt wird
in Zukunft, wanns dann fahrn an Kroas
dann nennt ma dös hoid „d'Formel Schoas!“

Oil = Öl

Wár i do ...

Wár i do an árschling ganga
wár i do nöt hida grennt
hätt i man vohoin mein Planga
hätt i á koan Hunger kennt.

Wár i do nöt unten durö
wár i do mit'n Kopf vora
hätt i s'Feld und nöt grad d'Fuari
hätt i d'Ánt'n gstatt da Krah.

Wár i do dös nächst Mal gscheida
kehrt ma s'Brádl samt da Rei(n)
s'Ringlgspui dös dráht sö weida
und i tapp gwis wieder ein.

d'Gedánga ...

Hat da Wind d'Gedánga z'rissn
hanö tiaf an Himmö gschaut
Woicknfetzn abergrissn
und dann wieder wegga gschmissn
hamas nöt vowend'n traut.

Hánt an Reg'n Gedánga z'runna
bin i unter d'Staudan greid
hat a naßkalts Feier brunna
macht mi oisa ganze bsuna
traurö und do voller Freid.

Hat ma d'Sunn Gedánga trickat
hanös bleangitzat betracht
wann ma do wer d'Augn vopickat
da(s) ma net z'vui einösickat
a dö finsta Nacht

árschling = rückwärts
hida = weg von etwas
d'Fuari = Furche
d'Ántn = die Ente
Krah = Krähe
brunna = gebrannt
bsuna = seltsam, eigenartig
bleangitzat = blinzelnd

Da Sinn

s'Liacht vo da Sunn
s'Wasser von Brunn
a Lächeln vo dir
a Bláttl an Wind
a Kerzn dö brinnt
a Tag voller Müah.

A Tag voller Müah
vo da Rosn a Blüah
i kenns nöt vonand
wos steckt den oft drinn
koa Lebm und koa Sinn
an Feiertaggwand.

D'Antenne fahr aus
nöt dö áf dein Haus
wo s'Buid oiwei rennt
d'Frequenz dö is da
g'stattn Ná sag a Ja
aus da Faust mach a Händt.

Gras áfm Roa ...

Gras áfm Roa an Wind
s'Tau vo dö Blättln rinnt
d'Sunn hintan Hoiz.
Dunsti liegts G'ellert da
d'Reh rennan weg von Bah
einö an Fuiz.

Ziagt mi a Glanzn fort
weit weg an fremdn Ort
wia a Magnet.
Steh in an goidan Schei
tring vo den bessan Wein
bis a mi nett.

Brennan mi d'Fuaßsoin scho
geht bald dráf s'Benzn a
woaß nöt warum.
Oiß was i mecht is da
oiß was i mecht geht a
suach umadum.

Gras áfm Roa an Wind
bitt di sche, melt dö gschwind
wo bist den hi?
Enzgroußö Greaanlagn
hams zwischn d'Häuser gschlagn
gibt ma an Stih.

Renn iazant zruck und plärr
s'Echo iss was i her
sunst is oiß stád.
Fremde Augn schaun mi a
falsche Liab kriagt mi dra
hätt mars bald z'dráht.

Renn ma scho selba nah
geht bald dráf s'Feier a
wármt mi koa Poiz.
Leicht is nu oamoi findt
s'Gras áfm Roa an Wind
d'Sunn hintan Hoiz?

G'ellert = Erlenwald
Fuiz = nicht durchforsteter Jungwald
nett = sich nötigen
benzn = betteln, bedrängen

A Geburtengschicht

I han vier Kinder. Vierö, ja. Und bei an jedn, bin i bei da Geburt dabei gwön. I volang mar koa Fünftes nimma. Is scho stark, a so a Geburt. Nimmt oan scho her. A niads Mal, wann wieder oans wordn is, hanö a drei a vier Tág braucht, bis a mö wieder dáfangt ha. Z'scherst scho dös Herpássat an Kreisssaal. A Frau ko ja liegn, aber unser oana muas sitzn oder gar stehn. Stundenlang. Und wann dann nix weitergeht. D'Stunden gehn umö und man beit und beit und nix tuat sö. Aber dann, wann d'Wehn stärker wern, o du sákara. Man regt si ja do áf und ránt sö und tuat sö oi. Nebmbei hört ma ständig dö elektronischn Werkln, dö wos dö Herztöne überwachan, dann pfeifts wieder amoi, du dös nimmt dö her. A Frau kriagt ja dös ois nöt mit, weils durö d'Wehn abglenkt is. Aber mir Manna, uns kost dös vui Substánz. Da wird ma scho dástö. Oi dámlang steht ma dann wieder wo an Weg, wann d'Hebámm zuwaschusslt, weis dös und das toa mua und a so is ma dö ganz Zeit unter Stress. Und wann dann ois guat umiganga is, hast wieder koa Ruah. A niader is heint bei an ötla Vereine und überall soidst a weng feiern. Dort a Fássl Bier, da a paar Liter Wein und mit dem a paar Stámperl Sauheidan und mit den andern an Kruag voi Most und a so gehts dáhie und dáhie. D'Weiberleit liegn dawei kommot an Spital drinn, lassn sö oiss zui und doi tragn und hánt glei eingschnappt, wann ma oamoi zu da Besuchszeit a weng zlang kimmt, wei ma wieder wo a Fássl Bier tringa müaßn hat.

Wia i scho gsagt han, i brauch a niads Mal a drei a vier Tág, bis i mi wieder dáfang. Es hoaßt nöt umsunnst, mit jedn Kind gibt mar a weng a G'sundheit her …

beit = wartet
dástö = man wird kleinlaut, fügt sich drein
da Sauheida = herber Bauernschnaps
kommot = gemütlich, bequem

Hint ent

I bi recht gern hint ent
zwisch'n Staudern und Gras
wo dö lang oft koa Sunn blendt
und koa Lärm vo da Straß.

Da iss nöt so nobö
nöt zuabetoniert
koa Zimmer a Kobö
koa Oper a Liad.

Koa Rasn koa Springbrunn
koa Gártlzaun nix
vui Schatt'n und weng Sunn
und a Brennesslwix.

Grad a Planga a gráwö
und Glumpert und Gfrást
und Katz dö dreifábö
wias áf d'Wuimäus docht páßt.

Und a Trám recht a langer
und a wuidgwochsnö Ruah
kanns sunst nin(d)erscht daglanga
fliagt ma hint ent grad zua.

Kobö = kleiner, schlecht eingerichteter Raum
Brennesslwix = ungepflegte Wiesenfläche
Planga = Bretterwand
gráwö = graue
nin(d)erscht = nirgends

Verlassner Bauernhof

Früaha amoi
hats Hofliacht brennt
a oier Früah
und da Hahn
is áf den rauggátn Misthaufm gstandtn.
Früaher amoi
hast d'Küah schrein ghört
an Stall drinn
und da veda Wind
is übern Roa gsprunga
und hat d'Hoierstauan áf d'Stadlplanga zuighaut.
Früaher amoi
hámma áf da Sunnbänk gsessn
und ham
dö houa Birbám angschaut.
Früaher amoi.

Heint is zuigackert
bis zo da Gred
und d'Birbám
hánd voschwundtn.
Da Tujenzaun
hat d'Hoierstauan gfressn
und Stadlplanga is dáfeit.
Da Hahn
is von Misthaufm abergstiegn
und hat Karriere gmacht
ois Mc. Chicken.
Da veda Wind
suacht áfm Feld daust na(ch)n Roa
und kann na nöt findtn.
Finster is's wordn
um d'Hofstatt umi
wei s'Hofliacht
is lang ausbrennt ...

Mein Nachbar, da Efendi

Bei dera G'schicht, dö i iazt vozoi, iss recht dumm herganga. Vo mein Nachbauern, von Lauslippö Petern handelts. Da Peter hat sein Hofstatt direkt nebm der mein. Grad a so a Sträßl geht zwischen sein Küahstall und mein Saustall durö. Nöt amoi so broat, daß a groußer Mähdrescher durikimmt. Aber dös macht nix, a Mähdrescher hat da eh nix z'fahrn und für dö andern Fahrzeige iss broat gnua. Da Peter is oiwei a ganz a richtiger Nachbauer gwön. Hat eigentli nia was Gröbers abgebm zwischn uns zwe bis zo den Tag hoid, wo … Aber i vozois an bessern vo vorn.

Da Lauslippö Peter hat nárrisch gern bei dö Preisausschreibm mittan. Ganz wurscht wos gwön is, wiara wo a Preisausschreibm gsejgn hat, hat as scho ausgfuillt und eingschickt. Gwunga hat a eh nia was, bis áf dös sejmal, da hats glei ausgebm. A Preisausschreibm vo an Fáklfuader iss gwön. Vo an Fáklstarter, wia ma sagt. Da hat da Peter mittan. Wieviele Ferkel wirft im Durchschnitt eine Sau? hat dö Frage ghoaßn und vo drei Möglichkeitn hast oanö ankreuzln müaßn. Selbstverständli hat da Peter dö richtö Antwort gwißt. Er hats eingschickt und hats vogessn, wia so und so vui anderne Preisausschreibm vorher á scho. Für eahm is dös hejder a Hobby gwön. I moa er hat selber nöt dranglaubt, dárá amoi was gwinga kunnt. Umso hejder hatsn grissn, wir an Pfinzta Vormittag da Briafbot ganz außer Atmt áf Kuahwoad auikimmt, wei er scho dreimal rundum d'Hofstatt teiföt is und neamt gfundtn hat. „Lauslippö“, hat a gschrian und dabei habm seinö Bronchien pfiffm wia s'Flötenregister vo da Kiraorgel, „Lauslippö a eingschriebma Briaf!“ „Für mi?“ fragt da Peter und schaut drein, ois hätt d'Fáklsau a Kaibö kriagt. „Ja für di", schnauft da Briafbot nu oiwei ganz außer Atmt. „A Unterschrift brauch i." Da Lauslippö wischt sö d'Händt bei seiner speckign Weritaghosn a, daß schmieriger hánd wia d'scherst, greift umständlö uman Kuglschreiber und dawei er áfm Briaftrager seiner Posttaschn unterschreibt, beidlt a oiwei wieder an Kopf. „Bist leicht min Auto z'schnell gfahrn?" fragtn da Briafbot und kann a kloanö Schadnfreude nöt unterdrucka.

Aber da Peter hat dö Frag gar nöt ghört. Er dráht den Briaf oimoi wieder um und schautn vo oi Seitn an. Aber weian grad anschaut und nöt aufreißt, iazt ko da Briafbot nimmer länger wartn, obwoina d'Neigierd recht stechat. „Naja", sagt a „dann bin i gen wieder dahi, i mua wieder weider, Pfüat di God Lauslippö!" Da Lauslippö hat oan Schauer áf den Briaf. Ná oafach áfreißn wia an normaler Briaf, dös traut a sö nöt. Da mua i zui geh, denkt a sö, den mua i min Messer áfschnein, der schaut wichti her. „Was hat den da Briaftrager Wichtigs ghabt, dara mar den Brief nöt gebm derfm hat?" fragtn sein Bäurin gschnáppö, wira a Kuchl einkimmt. Da Lauslippö macht grad an Deuter, greift a Tischlad ums Messer ei und schneit sein Briaf vorsichtö áf. Na, und da is dann áfkemma, dös Geheimnis. Er hat den erschtn Preis bei dem Preisausschreibm von Fáklfuader gwunga. A Reise nach Indien. Vier Wocha Indien. „Indien" sagt a, „wo is denn dös?" „Wo werd denn dös scho sein" sagt sie, oiwei nu a weng eingschnappt, wei er gar so geheimnisvoi tuat „bei dö Indianer hoid!" „In 14 Tag mua i d'Roas antretn" sagt a „akurat wann s'Bockschiaßn angeht." Da Lauslippö is nämli a passionierter Jáger und der Termin páßt eahm gar nöt drei. Überhaupt sagt a, wár eahm da zweit Preis weit liaber gwön. 1000 kg Fáklstarter, mit dem kunnt ma wenigstens was anfanga, sagt a.

Aber hintlassn hat as á nöt mögn und a so is a 14 Tag dráf mit an Taxi zon Flughafm gfahrn und áf Indien gflogn. Wos er da ent dalebt hat, dös woas i nöt. Dös han i nia auerbracht vo eahm. As mua aber oierhand gwön sein, wei wira wieder zruck kemma is, is a ganz anders gwön, nimmer zon kenna.

Wir na s'Taxi wieder hoambracht hat zo seiner Hofstatt, bi i zuafällig an Häusl gsessn. Unser Häusl steht zwischen Küahstall und Wohnhaus. Nöt, daß mir nu so rückständi wárn und koa englisch Clo nöt hättn, aber mir ham draußt á nu a Häusl. Is do kommota min Weritaggwand, wanns da pressiert. Áf jedn Fall bi i da drinn gsessn und han bá dö Klissn von Türl recht sche aui gsejgn. Wira von Taxi ausgstiegn is, hat a an Fahrer zahlt, dann hat a d'Händt zsamtan und hat sö tiaf voneigt. Eha han i ma denkt, an Petern is z'hoas wordn da ent, seit wann mocht den der söchanö Buckerl? Dann hat er sein Gepäck gnumma und is an Haus drinn voschwundtn.

Den andern Tag Vormittag, i han grad an Kreislheuer a weng durögschmiert, siag i an Petern hinter da Stodlplanga ent gnocka. Zerscht hätt ön bald nöt kennt, weira ganz weiß anglegt gwön is. I han mei Schmiernkándl doingstoid und bi ganz zui zon Zaun und hana genau betracht. A so a Art Nachthemad hat a anghabt und áfm Kopf a so a Utrum, as is koa Huat nöt gwön und a koa Haubm. Oi dámlang hat a an Kopf singa lassen, d'Händt áf Brust glegt und hat so komisch gsurmt, wie d'Woissn an Kirötag ban Schaumroinstándl. „He

Nachbar", han i gsagt „wos treibst denn da?" Aber er hat ma koa Atworcht gebm. Er hat tan, wir wann a mi gar nöt hörat. „Peter", hanö nu amoi gschrian, „is da leicht nöt guat?" Aber den Moment is sie umerkemma ums Stodleck. „Losn geh", hats gsagt „siagst as leicht nöt daß a meditiert!" I hans zerscht frei nöt vostandtn, weis so hoamlö gröd hat. „Wos", hanö gsagt, „betoniern tuat a?" Da is ganz nouat zuwakemma zo mir, hat mein Arm gnumma und hat gsagt: „Da Mein, is a ganz a anderna wordn z'Indien, a ganz a anderna. Und ban Meditiern kanna sowieso neamt drausbringa, da is a in a andern Sphäre." „Aso", han i gsagt und han gschaut da i weiterkemma bi. Jedn Tag han ihn vo da an meditiern gsejgn. s'Rousnkranzbeten hat a eh nia mögn, aber meditiern, dös tuat a áf oamoi.

Da Peter is vo seiner Indienroas an nimmer zon kenna gwön. Bei sein Jágerstand an Hoiz drausst hat a bán Sitzbrettl vo int Nägl durigschlogn, daß guatöng drei Zentimeter auergschaut hamd. Da hat a sö dann dráfgnockt. „Wie die großen Fákiere, Sáhib Nachbar", hat er gsagt. Wei seit der Indienroas nennt a mö grad nu Sáhib Nachbar. Wos aber sein Jágerstand mit dö Nägln betriafft, da bi i scho dahinter kemma, wir da Has lauft und da er mit den Fákirgrödat grad Eindruck schindtn mecht. Wei a sei greanö Jágerhosn hat eahm sein Bäurin zwe dickö Lederfleck überanand eingnáhd, daß eahm dö Nägl d'Aschbackan nöt d'stöchan. Oamoi hatsn freilö scho gscheit dawischt. Mit lauter trábö, dara zo sein guatn Bock kimmt, hat a dö falsch Hosn anglegt. Naja, und wiara sö dann áf sein Jágerstand niedergsitzt hat, is a schnell wieder a d'Heh gfahrn, wei eahm dö Naglspitzn an Hintern z'schtocha ham. Und weiss durös Regna scho a weng angrost gwön hánt, hat a á prompt Bluatvergiftung kriagt. Da hat eahm s'Meditiern á nimmer ghoifm, da hat a Medizin her müaßn.

In zehn Gmeindön vozoins von Lauslippö Petern, dens iazt an Efendibauern nennan. Seit a ötla Wochan bin i iazt scharf zkriagt damit. Hat ma der Fálott nöt an Prozeß anghängt, wei mein Sprungstier áf oanö vo seinö heilögn Küah aufi is. Entehrung eines Heiligtums, lautet dö Anklage. A so a Hanswurscht a dámischer. Mein Sprungstier hat Papiere und an Haufm Preise kriagt. Soid do frou sá, das seine Pritschna an gschein Nachwuchs kriagn. Werma sejgn, wos geh auer wird. I han ma eh scho oft denkt, wá wirklö gscheiter gwön, er hätt den zweitn Preis gwunga, dann war der ganz Vodruß ausbliebm.

Zwe = zwei
Pfinzta = Donnerstag
Stodlplanga = Bretterwand der Scheune
dámlang = in kurzen (Daumen langen) Abständen
Woissn = Wespen
Kirötag = Kirchweihfest

Da Zeitgeist

Sche langsam wird's ma wirklö z'dumm
i mag bal nix mehr wissn
wos heint grouß a dö Büachl steht
wird morgn scho(n) auagrissn.

Wos heint was guilt, is morgn a Schmoarn
a bagschirigö Tantern
und wost morgn find'st, hast heint verlorn
vo gestern was zum fantern.

Da Mensch is wia a Herdentier
da Zeitgeist is da Hirt
plärrt oans, dann schrein glei drei a vier
bis a niads nárrisch wird.

Und hánd a paar, dö nöt mitplärrn
dö ruahlö weiderfressn
mei Liaber du, dö kriag'n was z'hern
wos nöt so schnell vogessn.

Da Zeitgeist, wia da Nam' scho sagt
is geistiger Natur
do wann di á da Durscht recht plagt
tringa ja nöt pur.

Sunst steigt a da am End't an Kopf
und packt di mit dö Krei(l)
dann bist fürwahr a armer Tropf
er laßt di(ch) nimmer frei.

Da Zeitgeist is a talkert's G'spenst
a siebmseidas Krischpindl
a Loamöa(n), der rotzt und trenzt
der kimmt nia aus dö Windln.

Wei kám moanst, er fangt s'Renna a(n)
es wurt iazt was aus eahm
da kimmt a neicher Zeitgeist a(n)
und da alt muaß sterbm.

Drum laßt's an Zeitgeist Zeitgeist sei
soid ruahlö schrei und werka
letztendli siagt's da Zeitgeist ei
da Zeitgeist der is stärka.

talkert = dumm, beschränkt
siebmseida = scheinheilig, süßlich
Loamöa(n) = ein nicht Standfester
bogschirö = zerbrechlich, zart
Krischpindl = schwaches Geschöpf
Tantern = Spielzeug
fantern = fabulieren, fantasieren

A Gedanga

Scho is a weg, i kana nimmer fanga
er flodritzt fort, laßt docht und da was falln.
Mein Mäu steht oft und do kimmt nix mehr vira
mein Fuaß mecht roasn, do i tua koan Rüahra
und wia a Pemsl ohne Maler mecht i maln
mit meine kurzn Arm, um d'Sterndl glanga.

Flodritzt = flattert

s'Böschl

Tiaf drinn an Hoiz, vodeckt vo Dárn und Stau(d)ern
da wachst a Böschl a da Liachtn zua
ma(n) siagts nu jämmerlö an Bo(d)m unt kauern
umgebm vo meterhouhö greanö Mauern
dös s'ztretn möchtn mit dö Wurzlschuah.

Ganz sel(t)n amoi schmeißt d'Sunn an Klumpm aber
an Klumpm den dös Böschl giarö fangt
und iss a grad a kloaner und a laber
er kimmt vo obm, von Liacht, von Himmö aber
und huift eahm do, daß sös ums s'Wachsn plangt.

Dö groußn Bám denkts, wissens nöt zon achtn
dös Liacht, was fungötzt in an goidan Glanz
i muaß herunt an Waldbo(d)m schier verschmachtn
muaß Tag für Tag voi Kraft áfs neichö trachtn
daß i mei(n) Köpfö weiter aufi ranz.

So siagt mas raufm, rángln, hináfstemma
vozicht áf vui, grad oans laßt eahm koa Ruah
oamoi vom Bo(d)m a d'Heh zon Himmö kemma
und s'Lebm wos druckt und drängt mit aufi nehma
mit aufi, a da Liachtn zua.

Dann hat sös gschafft und is nimmer zon kenna
a groußer Bám, rögt seine Äst a d'Heh
ja da herobm, da is dö Welt weit schena
do Wind und Regn lernts iazant richtö kenna
und Frost und Sturm und d'Hitz toan oftmals weh.

Da gspüahts dann bei dö Wurzn unt a Drucka
und voller Sehnsucht schauts zon Waldbodm oi
mecht sö oft gern a d'Finstern aböbucka
und gmüahtlö unter Dárn und Stau(d)ern drucka
und wieder kloa sein, grad a oanzigs Moi.

Dárn = Dornen
fungötzt = funkelt
ranzen = strecken
rángln = ringen

s'Handy

I han ma iazt á a Handy g'kauft. Naja, braucha tát is nöt unbedingt, aber wannst a weng dazuaghörn mechst zo da High Society, dann brauchst frei oans. Sunnst is dös a halberte Gschicht.

Mei Spezl, da Hinglmoa Gust, der is so ungebildet, der woas nöt amoi was a High Society is. Dös hanö eahm zerscht erklärn müssn. Gust, hanö gsagt, páß áf: „Wannst a Handy, an Goifschläger und a Auto mit so weiße Liachter hast, dann g'hörst zo da High Society. Zon Einstieg brauchst áf jedn Fall s'Handy - á wannst das nöt brauchst und da Goifschläger und s'Auto mit dö weißn Liachter, dös kimmt dann ganz vo aloan.“ Seit i iazt dös Handy han, schau i oiwei, da i halbwegs gwándt bi. Wann i a d'Stadt as Einkaufm fahr, dann leg i an iadsmal a weng a schönerne Hosn an und s'Jánkerl, dös wos i sunst netta a Kira anlög. Wei nix schaut bleda aus, wia wannst a da Stadt durö d'Leit duröwuist und áf oamal leit s'Handy und du bist an Weritaggwand. Ganz ehrli(ch) gsagt, dös is eh a weng mein Problem, weis nia leit, mein Handy. Wei nia wer anruaft. A ganze Wocha á nöt. Da kaufst da eigns a Handy und dann ruaft neamt an.

Iazt iss ma aber amal z'bled wordn. „Woast wos“, han i gsagt zu da Mein, „morign geh i as Wirtshaus an Nahkirtá, da páßts, da ruafst mi an. Daß meine Stammtischbrüader amoi sejgn, da i a Handy hab. Moan eh oiwei i bi áf da Brennsuppm dahergschwumma.“ „Ja, was soid i denn da sagn?“ hat sie gmoant. „Was soid i denn da sagn, was soid i denn da sagn“, ha i gsagt. „Nix brauchst sagn. Mir gehts ja grad um an Anruaf. Ruafst mi oafach an und wann a mi mejdt, sagst oafach blá blá blá. Grad da ma a weng was gweagötzn hört an Handy drinn, sunst moans nu á, i tua grad a so. I röd dann ganz ebs Wichtögs und sag a paarmal - oh durt ma load, den Tag hanö scho an Termin - und dann sagst du wieder blá blá blá, oamal lauter, oamal hoamliger".

A so hamas ausgmocht. I bi as Wirtshaus ganga, hamö mittn unter dö Stammtischler eingsitzt und han áfs Anruafm bidn. Aber sie hatt sö Zeit lassn. Na da drittn Halbö Bier bin i schön langsam grántig wordn. Warum ruafts denn nöt an, hanö i ma denkt. Is leicht d'Nachbäurin dö Rewejn wieder kemma, daß mit lauter Rátschn vogessn hat. Und wir mi da Wirt dös dritt Mal gfragt hat, ob i scho was zon Essn mag, han i ma a Ántn angschafft. Aber wias da Teifö habm wui, justament untern Essn, wirö oi zwo Händt voi Schmirn ghabt han, leits s'Handy. Pi pi pip, pi pi pip, hats auerpfiffm von Kálier. Kreizteifö, ákurat iazt ruafts an. I kann do nöt mit meinö fettn Pratzn áf dös schö Handy hitappm. Nebm mir is da Maier Sepp gsessn, der hats recht guat gmoant. „Wart a weng", hat a gsagt, „dös hamma glei." Und bevor i mit mein voin Mäu nu was sagn kinna han, hat a ma an Kálier einglangt, s'Handy auergfangt, hats eingschalt und hat sö mit mein Nam gmejdt. Ganz gspannt ham dö andern Stammtischbrüader zuagschaut und muksmäuserlstád, ja direkt feierlich is's wordn. Umso lauter hat ma aber sie von Handy auer ghört. „Blá blá blá, blá blá blá und zwö sagst den nix" und nu amoi lauter „blá blá blá". Dös lötzt Bláblábláis dann a den allgemeinen Gelächter unterganga. Mein Lebta han a mi nu nia a so gschamt. s'Handy han i zwe Tag drauf in an Vowandtn gschenkt. Muaß ma eh net überall erreichbar sei.

Weritaggwand = Werktagbekleidung
bidn = gewartet
Rewejn = viel Unsinn sprechende Person

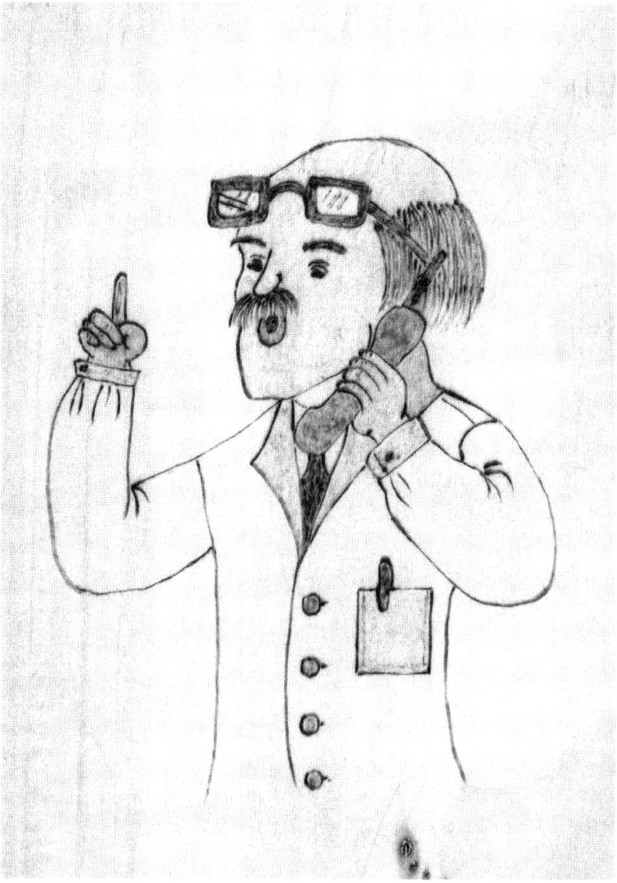

Wia uns da Schnabi gwachsn is ...

Wia uns da Schnabi gwachsn is
so soid ma redn und deutn
da Schinder macht a sauers Gfries
mir lassn uns nöt heitn.

Da Wind vo dera iazign Zeit
bringt recht vui Neichs dáher
nöt oiss is oiwei guat und gscheit
vui páßt zo uns nöt her.

Wei schaust heint a dö Leit áf s'Mäu
i moa da kimmst schnej dráf
heiftö so Brocka hánd dabei
da stoußts dar sauer áf.

Ganz wichti iss, daß Action gibt
áf deitsch, daß si was rüahrt
und daß a niada richtö flippt
da is ma recht bemüaht.

Und gstatt ehe, da hoaßts heint wou
d'Hund lassn recht schea grüaßn
wannst Woman sagst, dann moanst a Frau
und high sagns heint bein Grüaßn.

Kennst di wo aus, dann hast das d'schekt
und kühl dös hoast heint cool
d'Üstricherl hams uns wöggagschleckt
dös is nöt bjudifool.

Ja wery grasi hánd heint d'Leit
und light hánd á d'Zigrettn
da Lover is da Mentscherkund
und s'Geld dös hánd d'Monetn.

Mir kinnans gstoin bleim mit dö Nám
dös Gweilöschat dös windö
Pámrántschn áfm Zweschnbám
vorunzlt grea und spindö.

Dös Grödat da, so glaubts mas pleas
dös is a recht a shitt
wir uns da Schnabö gwachsn is
so redn - dös wár mei Bitt.

Gfries = Gesicht
Gweilöschat = unverständliches Sprechen
spindö = verschimmelt, minderwertig

Morign ...

Morign tua i den letztn Mostbirbám weg
sauft eh neamt mehr an Most.
Morign vohoaz i meinö Büachl
toan eh olö fernsehn.
Morign verkauf i mei Pfingstsunndahosn
geht eh neamt mehr a Kira.
Morign sag i tschüß gschtat pfüat dih
sunnst haltns mi füa bled.
Morign sag i zo mein Spiaglbuid „S I E“
weil i mi nimma kenn.

morign = morgen

Erntedank

Dö goida Pracht is längst von Fejd verschwundtn
und intan Kout dafeit a fruchtbars Jahr.
Zon Rastn iss iazt, a dö finstern Stundtn
an Feld draust, da is d'Arbeit gar.

An Früahling, da is Feld schier nöt zon bändign
mit aller Kraft dauchts a(n), daß Krustn bricht
und da jung Keim mit sein kloan Hals den
wendign
schaut bald scho auer, a da Sunn as s'Gsicht.

Dann geht da Früahling furt, d'Hitz hat eahms
z'dumm gmocht
a hoaßer Wind blost gegn dös stámmö Troad
d'Sunn iss iazt, dö wos Körndl so warm anlacht
frei weißlát wird dö Tág an Feld sein Pfoad.

Schier weh ums s'Herz tuats, wann da Dröscher
einfahrt
und frißt dö goida Pracht ganz gwejlö ein
und seiner Seel beraubt is s'Strouh an Acker
áfbahrt
was austragn hat, dös kehrt iazt nimmer sein.

Dö goida Pracht is längst von Feld verschwundtn
und intan Kout dáfeit a fruchtbars Jahr.
Vergelts Gott sagn ma, ham a Krone bundtn
wei wachsn loßts ja do grad er aloa.

Pfoad = Hemd
gwejlö = gierig
s'Strouh = das Stroh

D'Jága

Oiwei ziagns über d'Jága her. Da kunnt i mi scho oft ärgan. Jágawitz, nix wia Jágawitz.

Händ eh nix z'nein unsane Waidmanna. Toan eah eh ois z'Fleis. Iazt mechtns gar an Woif á wieda heimisch macha bei uns. Daß eah grad einfallt. Wer händ den da wieda d'Voliera? D'Jága, wanns nix mehr zon Schiaßn gibt, wei dö Woifskrüppö oiß wegputzn. Dauernd vozoins a dö Medien von Artenschutz, und daß so und so vui Artn von Aussterbm bedroht hán. Grad vo dö Jága, vo dö rödt neamt. Da Woif wird angsiedlt und da Luchs wird angsiedlt, da Bär is eh scho da, was bleibt den da nu für d'Jága? Da natürliche Feind von Wuid is da Jága und nöt da Woif. Da Woif iss vielleicht amoi gwön, iazt is as jednfalls nimma. Wára dscherst dabliebm. Iazt kámmat a wieda zruck, wei d'Reviere voi Wuid hán. Soin vielleicht d'Jága dö Marktanteile dö a sö müahseli erkämpft ham iaz a dö Woifsteifön überlassn? Ná, dös spuits nöt. Dös soind si dö Dreimalgscheidn amoi hinta d'Löffön schreibm. Is eh a d'Schach dös Jágalebm. A oia Früah áfm Jágastand aufignocka und áfm Bock pássn, dawei uns mia nu amoi gmüatli an Bett umdráhn. Und dös oiss grad wegn dem, daß dös Gleichgwicht a da Natur einigermaßn erhaltn bleibt. Und wann a dann auerkimmt von Fuiz da kápital Rehbock dann nimmt a ament an Schuß nöt a(n) und dös ganz Herpássat is umsunst gwön. Ná, i bi koan Jága ebbs neidö. I denk ma eh oft, wann i an Winta an Hoiz spaziern geh, da d'Jága oiwei wenga werdn.

Alle möglichn Spurn siagt ma an Schnee, aber a Jágaspur, a so an Roafmabdruck vo an Allradauto, siagt ma scho ganz sejn. Und i woaß á scho lang nimma, da i amoi in a Jágalosung eintrett wár. Dös gibt ma z'denga. Drum stoits enk áf d'Füaß, daß an Jága sei natürlicher Lebensraum erhalten bleibt.

D'Feierwehr

27 Jahr werdns heier, da i bei da Feierwehr bi. Naja, freili hängt ma oft dra(n), aber was tuat ma nöt ois für s'Woihl vo dö Leit. Zeit geht scho dráf mit dö Übungen und mit dö Feierwehrfesta. An Summer hánd weng Sunnda, wo i nöt ausruck zo an Feierwehrfest. Zweitögst kemmama umanand, a hinum a dös Boarisch. Is scho lötz, wanns recht hoaß is, mit da Uniform, zuagnöpfit bis aufa und an Selbstbinder nu umidráht daß'st frei koan Atmt nimmer kriagst.

Da tuats da dann scho woihl, wannst as s'Bierzelt eikimmst und schlederst eahm a paar Halbö oi und mochst da den oban Hematknopf áf, daß'st wenigstens schlicka kannst.

Ja ja, is an iadsmal guat wann da Hörigst kimmt, daß d'Feierwehrfesta wenga werdn.

Da hamma dann nu dö grouß Herbstübung und d'Jahreshauptversammlung und dann kimmt eh scho(n) wieder da Bei - da Feierwehrball. Sunnst tuat sö nöt vui. As brennt nimmer so oft wia früh(r)a, d'Einsätze hánd rár.

Iazt hamma vor zwoa Jahrn an neichn Tánkwagn kriagt und moanst es hätt oamal brennt, nöt ums Voröcka. A so an Umwelteinsatz hama oamal ghabt, wir bán Huaberbauern da Dieseltank rinnert worden is. Aber dös is hoid á koa Feier.

As hánd á d'Wöda nimmer dös, wos amoi gwön hánd. Heint rumpöts a paarmal a weng und umi is's. Früha da hats fast bei jedn Wöda eingschlagn. Dös is was gwön für d'Feierwehr. Aber heint, dös hánd ja koanö Wöda nimmer. Wár scho wieder amoi recht a so a Wöda, wo'st na jedn Schnalzer lost, ob nöt d'Sirene geht. Aber dös spuits heint nimmer. Heint verreißt ois da Wind.

I bet á a da Kira bei dera Litanei scho gar nimmer mit, wos da hoaßt: „Vor Blitz und Unwetter, verschone uns oh Herr!“ Ná, dö Litanei is feierwehrfeindli. Is eh an iader guat vosichat. Wos wár den dabei, wanns hier und da amal eischlagert. Sogar bein Sammeln für d'Feierwehr kannst di bled a(n)redn lassn: „Für wos, daß ös oiwei sammelts, wanns eh nia brinnt?“ Ná, es is nimmer lusti bei da Feierwehr!

Zweitögst = ganz weit
Wöda = Gewitter
brinnt = brennt

I bi i

I bi i, laßt's ma mei(n) Fleckl
gfeit wárs, wann i hida(n) gáng
ohne Schuah, mit gflickte Söckl
bi a Häfen ohne Deckl
anbundtn mit Strick und Stráng.

Hida(n) geh(n), dös hoassat trenzn
wei mei(n) Fleckl gáng nöt mit
kunnt i anschiabm, ziagn und benzn
gspüahrat meine eigna Grenzn
wurdt aus greanö Zweig a Wid.

Meine Wurzn áf den Fleckl
ham sö tiaf an Bodm vokreit
nöt amoi dös kleana Bröckl
laßt sö weggadoa von Fleckl
is mein(n) Schlupf a d'Ewigkeit.

Falsche Liab

A(b)táschlt, ausgfláschlt
Suiber und Goid
sagst mas nöt freiwillö
frag a dö hoid.

A(b)gschnuzlt, zsammgwuzlt
is nimmer wahr
d'Henn ka(nn) da Teifö hoin
d'Hauptsach hánd d'Oa.

Zsammgroadlt, ausboalt
s'Taschat vosteckt
s'Brout ham ma oigwürigt
d'Wurscht hätt uns gschmeckt.

A(b)gscheiert, ausgleiert
zrissn und zfetzt
gábst mas ganz gwis nöt zruck
wannst d'as á hätt'st.

a(b)gschnuzlt = abgeküßt
zsammgroadlt = zusammendrehen eines Strickes
mittels eines Holzes
s'Taschat = ungenießbare Blätter einer Frucht
(z. B. Rettich)

Der letzte Schrei

Ja mit da Mode iss a Gwirkst
dö ändert si, dös übersiagst
kám moanst du hast di modisch gwándt
und wirkst iazt jugendlich gálánt
da steht scho in a Illustriertn
gstatt gstroaft tragt ma iazt dö Kariertn
und gstattn Blau, den ganz dezentn
tragt ma iazt a dö Staatn entn
vo wo ja meist der Fimmö kimmt
ein helles Beige, schön abgestimmt.
Ja so hánd dö Modefáxn
oamoi siagst vui, dann wenig Háxn
oamoi Smoking, oamoi Steira
und jedsmal a bissö teura.
Mit da Mode recht vui Freid
hat di holde Weiblichkeit
ganz zum Leidwesen der Männa
dö derfm dann dös Ganze brenna.
So däckln d'Manna ohne Freid
durch s'Modehaus mitn Weiberleit
sö werdn nöt gfragt und haltn si stád
und obendrein is eahna fád
wei bis si d'Frau amoi entscheidt
ob grünes, blaues, rotes Kleid
dös is a lange Prozedur
weils ja a jeds schnell anlögn mua.
Und vor der Umkleidekabine
da wart da Mann mit saurer Miene.
D'Vokäuferin vosteht ihr G'schäft
und sagt jedsmoi: „Ná dös is fesch!"
do bis dös Richtige hat gfundtn
vogehn bekanntlich a paar Stundn.
Hatt sa sö dann für oans entschiedn
gibt á d'Vokäuferin an Friedn

packt ihrs schea ein und sagt nebmbei
dös is bestimmt da letzte Schrei.
Da letzte Schrei, da is was dra(n)
den macht hintna bein Zahln da Ma(nn)!

Gwirkst = Gewürge, Schwierigkeit
gwándt = gekleidet
Modefáxn = ständig sich ändernde Mode

Da Hosnkauf

„A 52-Greß hanö“, ha i gsagt zo da Verkäuferin. „Wo habts den ös 52ga? Da steht X und da XL und da XXL. Habts ös leicht ös römisch angschriebm, zehner, zwoanzger und so weiter.“ D'Vokäuferin hat grad a wenig gschmunzelt, hat ma a paar Hosna a d'Händt druckt und hat mi a d'Umkleidekabine eingschobm. I han mei oide Hosn abzogn und bi in oanö vo dö neichn eingschloffm. Páßt gar nöt schlecht, hanö i ma denkt und han mö an Spiagl betracht.

A weng anweit iss vielleicht, aber wann i iazt nu an Reißverschluß zuamoch, sejgn ma weiter.

Aber wias da Teifö habm wui, zwick i ma mei ausgwoschnö Unterhosn bein Reißverschluß ein, dárá nimmer hifür und zruckaus geht. Glüahrout bi i wordn an G'sicht und han gnágert und grissn, aber es is nix z'macha gwön.

„Na, páßts?“ hanö d'Verkäuferin vorn Virhang draußt fragen ghert, weiß ihra scho zlang dauert hat. „An Moment nu,“ hanö gsagt und hab da(n) wia wann i mi nöt entscheidn kunnt. Dö scheiß Unterhosn. Han eh scho so oft gmoant i schmeiß weg, dös schleißö Drum. Dös gibt's do nöt, daß der Reißverschluß nimmer áfgeht, hanö mar denkt und ha nu amoi gscheit angrissn. Aber da iss eahm z'vui wordn und i ha den kloan Stift bei dem man nimmt, a da Händt ghabt. Aus iss, hanö i mar denkt, iazt steh i sauber da.

„Wia schauts aus?“ hanö i d'Verkäuferin wieder ghert und der Schattn den ma durön Virhang gsehgn hat, is bedrohlö weit zuwa kemma. „Hamas scho,“ han i gsagt, „glei hamas.“ Es muaß was gschejgn, hanö mar denkt. Vo dera Hosn kimm i nimmer aua, also bleibt ma nix über, i muaß ankoin. I han um mei oide Hosn griffm, hamas übern Arm ghängt, daß mei federnö Seit vodeckt hat und bi aus da Umkleidekabine auö. „I hans glei ankoin," hanö zo da Verkäuferin gsagt, weis mi so gschreckt angschaut hat. „Ja aber," hat d'Verkäuferin gmoant und ihr Blick is na meiner Hosnháxn oigwandert, „ja aber dö is ja weit zlang!" Iazt hans i á bemerkt. Mit lauter Reißverschluß hanö áf d'Hosnläng nimmer gacht. Wie a mi iazt a so angschaut ha, hats ma frei an Sti gebm. Wie a Ziehamonika hanö vo dö Knia abwärts ausgschaut. Wie a Manschettn vo an Bürosessl. „Dös macht nix," hanö umanand gstottert, „wei dahoam hanö so Schuah mit recht houhö Stöckl" …

„Soid mas nöt do kürzn?" hat d'Verkäuferin gmoand, „und zweit iss á um d'Mitt." Tatsächlö, iazt is ma erscht áfgfoin, da i mas mit da oan Händt dö ganz Zeit aufahoid da is nöt volias. Wei da reißats ma am End d'Unterhosn á nu mit. Aber i bi hart bliebm. „Ná, i kalts glei an, dö páßt scho," hanö oiwei wieder gsagt und han á dö alt nimmer aus da Händt gebm, wegn an Sichtschutz. Grad bein Zahln häts mi bald nu gfeiglt. s'Briaftáschl is ja a da oidn Hosn drinn gwön und zon Auerdoa hätt i entweder dö oa weglögn müaßn, wos wegn an Hosntürl nöt ganga is oder dö ander auslossn, wos aber wegn an Oirutschn nöt ratsam gwön wár. Aber i han ma z'helfm gwißt. I bi ganz zon Kássapult zuiganga, a so, da i direkt angstandtn bi. Mit dera Methode hanö zwoa Fliagn mit oan Schlag troffm. Wei erschtns hanö d'Hosn min Briaftáschl wegtoan kinna, wei i eh ganz hibei gstandtn bi und zon zweitn hanö dadurch dö neich dö rutschat Hosn zwischen mein Bau und zwischen dem Kássapult einzwickt, daß á da nix gebm kinna hat. As hat zwoar a weng bled ausgschaut, aber dös is ma a dera Situation á scho wurscht gwön. Wia i dann endlö an Auto gsessn bi, is ma a Stoa von Herz gfalln. Vorn Wegfahrn hanö nu amoi a weng bán Hosntürl umanand gmurkst und - ma mechts nöt glaubm - i han an Reißverschluß freikriagt. In an G'ellert han i dann mei oide Hosn wieder anglögt und a so bin i ganz unauffällig vo mein Einkauf zruckkemma. Wia aber mein Frau dös Utrum Hosn, dö an halbm Meter zlang und um hübsch was zweit gwön is, gsegn hat, hats an Kopf beidelt und gsagt: „Na da hams da wieder an saubern Ladenhüater andráht!“ Wann dö wüssat …

G'ellert = Erlenwald

Da Most

Da Herbst is fia alle a wichtige Zeit
da wird gschanzt und grákert und trábö hánd
d'Leit
bei uns an Innviertl kimmt nu oans dazua
hánd d'Mostbirn iazt zeiti, dös laßt uns koa Ruah.
Mir beidln und stángln und glaubm fleißi zsamm
werdn d'Fáßl woi klöcka wei mar gar so vui ham?
Scho geht's Richtung Mostpress da press mars fest
aus
und als picksüaßa Saft kemans zruck dann a
s'Haus.
Scho da Süaßmost volockt uns, ma trinkt a wenig
mehr
hintnah hoaßts dann renna sunst gibt's a Malheur.
A dö Fáßl drinn gärt a zo an köstlichn Most
a kellerfrischer Kruag voi schmeckt guat zo da
Kost.
Da laß i a Bier steh, an Wein und an Sekt
wei a Krüagl voi Most ja weit hejda nu schmeckt.

klöcka = auslangen

A Tag

Für den oan is a z'kurz - für den andern weit
zlang
für den oan is a gsund - für den andern oft krank
für den oan is a warm - für den andern saukalt
für den oan is a neich - für den andern uralt
für den oan iss a G'schenk - für den andern a
Qual
für den oan kimmt a z'lang - für den andern weit
z'bal(d)
für den oan isra Antwort - für den andern a Frag
ja, so vui Gsichter hat a oanziger Tag.

D'Hoamat

Schau dars an ganz genau
is nöt grea is nöt blau
is nöt schwarz is nöt weiß
is umsunst, hat sein Preis
is nöt grouß is nöt kloa
is bumvoi und alloa
is a groußer Loab Brout
scheicht koan Teifö, koan Toud
scheicht koa Hitz, scheicht koa Koin
kennt koa Mocka, koa Schmoiln
kennt koa duckmausats Toa
kennt a d'Augn schaun alloa.
Páßt áf di dö ganz Zeit
wei di s'Hergeh nöt gfreit.
Mecht gern práchtn mit dir
do sie siagt di hoid nia.
Mecht gern fragn, woss leicht gád
do es bleibt oissö stád
grad vobei rennan d'Leit
ham zon Práchtn nöt Zeit.
Wirst oft abgstroaft voi Schand
wia a Weritaggwand
wirst grad gmoia wia d' Küah
aber gstreimöt wiast nia …

práchtn = reden
gád = gibt
gstreimöt = gestreichelt

Katzenjammer

I ka(nn) dös Bettlad gebald nimmer hörn. Áf dö Plákate siagst bettladö Händ't, an Fernsehn zoagns dö oiagrausligan Buidln vo hungerde Kinda und a da Kira toans á nix wir fechtn. Ná, mir tuat sös sche langsam. I han á s'Geld nöt zon Doinschmeißn. Grad wei irgendwo bei dö Kongoneger a so a Kánáck ois für d'Rüstung vopuivert, derfatn mir oiwei spendtn. Nöt mit mir. s'Lebm is eh bei uns á scho so teuer. I han drei Katzen, zwo schwarze und oa dreifábige, woaßt wos dö voputzn? Dö Dreifábige hat a ganz a schlechts Bluatbuid, dö braucht a Spezialkost und dö andern zwoa dös normal Katzenfuada. Dös mit Fisch und Rindfleisch und a weng a Bállaststoffe hoid. Nix bsunders, aber über dös ganz Jahr kimmt ganz schö was zsamm.

Mein Nachbauer hat á a Katz, dös is a armes Vich. Dö siagst den ganzn Tag áf da Wies hidann mäuspássn. Dárá sö nöt schamt. Wir an Mittelalter laßt er a da Katz s'Fressn sejm fanga. Wann i ma koa Katz leistn ka(nn), dann laß is hoid bleibm. A paarmal hat mi scho blangt, i zoagn a(n) wegn Tierquälerei. Wei mas hoid áf da Nachbauernschaft frei nöt toa ka(nn). Mir derbarmt hoid Katz. Ja ja, d'Menschheit verroht sche langsam und áf da Streckn bleibt dö leidende Kreatur …

Spätherbst

Langsam, langsam neign sö d'Stundtn
über d'Felder roast da Wind
hab an letztn Apfl gfundtn
legn zu dö andern gschwind.

Gsichter voller Faltn und Trauer
schliafm ein a d'Neböpfoad
heiftö findtn nimmer aua
aus den dusmign Erdnload.

s'Laubat fallt áf kranke Stráßl
rout versinkt a Stückl Zeit
a dö huizern Oachnfáßl
blüaht a junge Seligkeit.

Los nöt aus ...

Los nu nöt aus, da Winta mua nu kemma
a gscheidö Koitn dö s'Uziefa vonicht.
Machs wia da Bám und stoi di toud und dürr
aber tiaf drinn, da richst da scho dei Blüah
und wann a neiche Sunn dei Krustn bricht
da werd dei Feia dann für ewi brenna.

Neböpfoad = Nebelhemd
Koitn = Kälte

Advent

Oamoi wieder s'Liacht ankentn
dös koa Sturm nöt niederreißt
oamoi wieder d'Seel aussendtn
daß an Geist den weltvoblendtn
wieder hoamzua weist.

Oamoi wieder d'Wiarm mitnehma
a dö eiskalt Winternacht
dös schwár Gwicht hou aufistemma
oamoi s'Binkerl wieder nehma
wirs für uns is gmacht.

Oamoi wieder innehalten
aufischaun zon Firmament
und bevor ma ganz erkalten
oamoi wieder d'Händt zsammfalten
wei es is Advent …

Los a weng ein

Los a weng ein a d'Nacht
siagst a dö irdisch Pracht
blendt di da Schein.
Wos aus da Finstern kimmt
is's wos oan b'sinnlö stimmt
los a weng ein.

Renn nöt grad áf und a(b)
menschliche Sachen na(ch)
iazt an Advent.
Los a weng ein a d'Nacht
Engl hat d'Botschaft bracht,
da mars vostehnt.

D'viert Kerzn brennt am Kranz
d'Finstern vozehrt da Glanz
d'Hoffnung erstrahlt.
Los a weng ein a d'Nacht
g'spührst das, dö hoamlö Macht
Weihnacht is bald.

Weihnachtsfeier

Auf auf, scho morign is soweit
Weihnachtsfeier, liabö Leit
da Betrieb ladt alle ein
feia ma bei Bier und Wein.
Ois is da, da Chef vora
dann kimmt da Betriebsrat a
geht er á untern Jahr oft a
zur Weihnachtsfeier is a da.
Und a Haufm Leit hánd kemma
d'Glegenheit bein Schopf zu nehma
schließlö hánd an Weihnachtssáckerl
heiftö Bier- und Essensmákerl
ois is gschnigelt, putzt und gschneitzt
á da Chef is heint nöt greitzt
grinzt vo oan Eck a dös ander
sitzts enk nieder, Frauen, Manner
schreit a, heint muaß gfeiert werdn
mein dös Feiern mag i gern.
Soda, iazant iss soweit
alle sitzen, hánd bereit
wei voran beim Rednerpuit
wart da Chef voi Ungeduid
räuspert sö zum letzten Mal
und red't dann wia a Wasserfall.
Meine lieben Mitarbeiter
bráv hats gwön, ös arma Häuter
habts fest anpackt, sauber gschanzt
heint wird gfressn, gsoffn, tanzt.
Aber dá ma morgn neamt jámmert
oda nöt zur Arbeit kámmat
also unterhalts enk guat
Gott sei Dank, iaz is a fort
aber ná, dös gibts ja nöt
iazt halt scho da nächst sein Röd.

Als Betriebsrat unverdrossen
wünsche ich euch stets Genossen
Ordnung, Freude, Disziplin
dann kriagn ma alles wieder hin.
In zwoa Jahr da werdn ma lacha
bei da 20-Stunden-Wocha.
Also, drum Genossen: Prost
auf dö Firma einen Toast.
Soda, dös wár überstandtn
Kellnerin, wo bleibt der Krampn.
Mein Gott schau da dö dort a(n)
so aufdáckelt dö bledö Krah.
Sag amal, dö zwoa da hintn
was dö grad a den Kuntn findtn?
Jessas, hast den Altn heit ghört
a bleda Hund und dann so gschert.
Ja grüaß Gott Chef, na heint is gmüatlö
na mir unterhaltn uns wirklö
bleda Aff los uns in Ruah
bist ja eh scho wieder zua.
Kellnerin, mein Bier is gar
siagst leicht nöt, ná is scho war.
Ja i sags eh, Jahr für Jahr
dös is a ordinäre Schar.
Unsaoans páßt da nöt her
zweng Intellekt, dös is s'Malheur
siagst das, wias dö Köpf zsammsteckan
und wias ehnrö Gigln röckan
sowas nennans Weihnachtsfeier
is eh jeds Jahr dö gleiche Leier
b'sinnlich hánd grad unser paar:
Kellnerin, mein Bier is gar!

gschnigelt = schön angezogen
arma Häuter = schwacher Mensch
Krampn = Schimpfwort für schwerfällig, grobschlächtig
aufdäckelt = übertrieben geschminkt und angezogen
Gigln = lange Beine röckán = recken

An Warteraum

Gehts enk á irwind a so, wannz bein Doktor oider bein Zahnarzt an Warteraum sitz'ts, daß da direkt volegn werdt's? Es herrscht a so a komische Atmosphäre. Scho bein Eingeh is so gspoaßi. Du griaßt laut und deutli und zruck kriagst a paar so Breamler, wost nöt recht woaßt, hamd a sö grad gräuschpert, oider hams scho was gsagt. Dö mehran Köpf siagst sowieso nöt, weis so guat hinter dö Illustrierten vosteckt hánd. A paar speanzln a weng füra, wersd denn bist und ob s'di nöt do vielleicht kennan und scho voschwindtns wieder hinter da Zeitung. Es gibt aber á anderne. Oana is meistens oiwei dabei. Dös hánd dö, dö koa Zeitung lesen. Dö sitzn so fád umanand und pássn, obs nöt mit irgendwem as Gschmátzt kemman. Wei kám hast dö iazt niedergsitzt und mechst na a Zeitung greifm, hams dö scho. Sö schaund di unentwegt an und lassn di nimmer aus dö Augn und wirst a weng umibleangitzt, weist das gspüahst, da di dö ganz Zeit wer anschaut, hams dö scho. „Kennt mas scho, daß Grippzeit is, wei so vui Leit da hán" fangans an. „Ja, ja kennt mas scho", gibt ma zruck und mecht wieder na a Zeitung greifm, aber dös Gegenüber gibt nöt áf. „Du bist aber nöt vo da, aber bekannt bist mar, i woa grad nöt, wo i di hidoa mua?" „Ná, i bi nöt vo da", sag i „i bi vo da Nachbarsgmeindö, aber unser Doktor hat Urlaub, drum bin i da." Soda, denk i mar, dös müaßat pássn, d'Neigier is gstuilt, iazt ko i geh um mein Zeitung greifm. „Ja, ja dö Doktorn", hör is da scho wieder „dö mehra Zeit háns áf Urlaub." „Ja, ja" sag i dráf," a Doktor müßat mar sei. „Sie sagt nix mehr, schmunzelt grad a weng, gibts dös á. Iazt páßts geh, da i um a Zeitung glang. „Is eh koa Wunder, daß so vui Leit krank hánd, bei den Wöda", fahrts dazwischn, wia i d'Händt scho bei da Zeitung han. I tua, wia wann is grad a weng richtat dö Illustriedtn und stimm ihr zua. „Ja, ja dös Wöda, dös wird á nimmer gscheider." „Ja, hast recht" sagts, „dös wird á nimmer gscheider. A so an kaltn Summer ham a überhaupt nu nia ghabt." „Na", sag i dráf „überhaupt nu nia. Aber werd a wieder oamoi anders werdn." Soda denk i ma, dös is a würdiger Abschluß für den Dialog. Sie sagt á nix mehr und kramt a ihrn Handtáschl umanand. Dö Chance nutzt aus, denk i mar und ganz vorsichtö, da is bei ihrer Kramerei ja nöt drausbring, greif i na a Zeitung. Aber den Moment hats mi scho wieder. „Hast du a Uhr, wia vui iss denn?" „Halbi Elfö," sag i, los aber Zeitung nimmer aus. Habm tuast das amoi, denk i mar. Aber zwischn Habm und Lesn is nu a weiter Weg. „Halbi Elfö" sagts „heint dauerts aber wieder lang. Is enka Doktor á a söchana Brüater?" Dö gibt nöt áf. Dös is a ganz a Eisanö. Aber den Moment, grad wia i áf ihr Frag a Antworcht gebm mecht, klopfts und a neicher Patient kimmt eina. Durö dös is kurz abglenkt. Dö Gelegnheit los i mar nöt entgeh. Schnell ziag i mar Zeitung weit übers Gsicht und halt mi stád. Und dawei i den ersten Artikl glesn han, ha i so nebmbei mitkriagt, vo wo der neich Patient is, wir a hoaßt und daß sein Schwiegervatern sein Schwager Histettnersuh vo Gáspering gwön is.

Breamler = in den Bart brummen, murmeln.
speanzln = wiederholt verstohlen nach der Seite blicken
Gschmátzt = Gerede, Geplauder
umibleangitzt = kurz hinüber geschaut
Brüater = langsamer Mensch

Neujahr

Iazt gib ma d'Händ
und laß di vo mia weisn
á wann dei(n) Schritt a anders Liadl singt.
A Tür geht áf, was is den woi dahinter?
A neicha Früahling oder da oid Winter?
Und wann da Zoaga vo da Turmuhr weiterspringt
werds Heint ums Gestern und ums Morign kreisn.

Wos i sein mecht

Wia a Vogl mecht i sei
kloa und gring und g'fieda
fliagat dann und tát mi gfrei
a dös goida Sunnliacht ei
schauat áf eng nieda.

Wia a Vogl wár i gern
áf den hechstn Bám
kunnt an Wind sei Musi hern
brauchat mi um nix mehr schern
áf mein Woikntrám.

Wia a Vogl wia i nia
bleib min Bodm verbundtn
aber iawend is ma schia
ois hätt do a Trum vo mia
a kloans Schlupfloh gfundtn.

iawend = manchmal

Wer kimmt für was?

s'Roß kimmt fürn Ochsn
da Traktor für s'Roß
s'Fejd kimmt für d'Wiesn
und da Georg fürn Schos.

Da Winta fürn Summa
und d'Sau kimmt für d'Kuah
dö Gscheidn für dö Dumma
und da Stress kimmt für d'Ruah.

s'Wirtshaus für d'Kira
und s'Gejd für s'gejts God
für s'Hoiz kimmt da Kunststoff
und dös Krumpö fürs Lot.

Und s'Fernsehn für s'Lesn
und s'Single fürs Paar
fürn Katarrh kimmt da Schnupfm
und Glatzn für d'Haar.

Für d'Arbat kimmt s'Nixtoa
da Red Bull kimmt fürs Bier
und wann ma uns tummön
dann kimmt uns neamt via.

D'Einladung

Dös nächst háma wieder oamoi wo eingladn gwen. Ja hier und da hánd mir á wo eingladnt. Z'oft volang i mars eh nöt, weis a niadsmoi so ákkurat abergeht bei dö Einladungen. Is dös sejmoi nöt anders gwön.

Bán Gartentürl hánd scho Gästepántoffö gstandtn. A ganzer Haufm. Oana kleana wia da anda. Mir, mei Frau und i, ham wahrscheindlö a wenig dádadert dreingschaut, wei unsere Gastgeber hamd uns sofort erklärt, daß a neiche Gartenterrássn kriagt ham und da soid mar mit dö Straßenschuah nöt z'vui dráftretn, wei dös is a Indischer Gránit a sauteuerner. „Já so," hanö gsagt, „a neichö Gred habts kriagt" und dann hanö den Fuizhaufm Hauspántoffö duriglaubt aber für meine 46ger is nix dabei gwen. Bei dö größern, dö i dawischt ha, bi i hoid mit ách und krách mit da groußn Zehern eikemma. A so bi i dann zuigwáschlt áf den Indischn Gránit, wia a Indischö Laufántn.

Unser Gastgeber hat gsagt, wiras gsegn hat, daß ma nöt recht pássen, dös macht nix, wei dös hánd eh grad Terrássnpántoffö. Drinnahoi da Haustür stándtn dann dö richtgn Hauspántoffö und da hánd a größerne dabei. So hama hoid dann Terrássnpántoffö abzogn und hánd a d'Hauspántoffö eigschloffm. Hambt ma aber á nöt páßt, aber i han nix mehr gsagt und bi bráv vo Zimmer zo Zimmer mitghátscht, weis zon Hausanschau gwön is. Bei an jedn Kammerl hama a paar moi, ná so schea oder, is ja do ganz aus gsagt, wei dös a jeda gern hört. Zwoamoi hätts mi bald gschmissn,wei i már mit meinö láppischn Gästepántoffö selber aufigstiegn bi. I bi direkt frou gwön, wir mar endlö bein Tisch hibei gsessn hánd. Werds geh a guatö

Jausn gebm, hanö mar denkt, i ha eh scho frei an Hunger. Da siag i áf oamoi, wia unser Gastgeberin a so an kloan Spirituskocher dáherzáht. Da ha a mi glei auskennt. Oh heiliger God, hani mar denkt, dös schaut verdächti na Fondue aus. Und tatsächli, scho hat er a muats grouß Rei(n)erl mit an Haufm Oil drinn áf den Spirituskocher áfgsetzt und sie is mit fünferloa voschiedene Fleischbröckl dáherkemma.

Wia a so a Gschicht ablauft, dös wißts ja eh. A jeder nimmt sö a Gábö, besser gsagt a so a Spießerl, wost da an Brocker Fleisch aufituast und dann a dös kochat Oil einsteckst. Da kannst dann áfpássn, wir a Háftlmacher, daßt s'Auertoa nöt übersiagst, wei sunst z'kocht sös. Z'bald soits das aber á nöt auertoa, sunst iss nöt duri. Da kannst herpássn áf den Brocker, der, nach demstn in oanö vo dö 12 vorbereitetn Saucen eintaucht hast, áf oan Schnapper weg is. Dös is do koa Essn. Nu dazua muaßt di dö ganz Zeit áf dein Spießerl konzentriern, daßt das nöt aus dö Augn voliast. Wei da gibt's 3 verschiedene Grüntöne, 3 Rottöne und 3 Blautöne. Da hats mi dös sejmal eh dawischt. I han den mittlern Grünton ghabt und wias da Teifö habm wui, hanös vowechselt und dáwisch dös dunklere Grün. Dös hat sö aber unser Gastgeberin hergricht ghabt mit an Putnfleisch. I han den Brocker tiaf in a so a scharfe Sauce eintunkt, daß is sowieso nimmer kennt han, daß nöt mein Schweiners is. Wia aber dö Gastgeberin iazt dös Spießerl, wos eigentlich dös mein gwön war, auertuat und as s'Mäu einschiabt, da hats glei s'Gsicht vozogn und zon jámmern angfangt. „Jesss a Schweiners," hats graunzt „und i soid eh koans essn! Wer hat denn da sei Spießerl wieder nöt kennt?“ I han tan, wir wann is gar nöt hörat und hamma vo da an koa Fleisch nimmer einta.

Na ja und na a zwoa Stundtn, is dann endli dö fád Esserei umi gwön. Dö Fleischbröckl, wos bliebm hánd hat da Hund kriagt, der hat eh scho dö ganz Zeit páßt und dawei unser Gastgeberin an Káffee hergricht hat, hat er an Diaápparat áfbaut. Na, dös wird geh a Nachspeis áf dös Bröcklgessat aufö. „Mir hánd vorigs Jahr z'Griechenland gwön“, hat a gsagt, dawei a dös Gráffö zsamgstoid hat. „Da mecht ma enk gern a paar Dias zoagn, wanns enk intressiert!“ A paar Dias, dös kennö scho. Dös wird wieder a abendfüllendes Programm. Und was s'Intressiern betriafft, kannst ja sowieso nöt aus. So hamma hoid dö Gaudi über uns ergeh lassn. Meer, Strand und Himmö und dann in umgekehrter Reihenfolge. Himmö, Strand und Meer. Dann wieder eahm mit an Fláschl Bier oder sie mit an mordstrumm Eis. Dö paar Foto, wos mitanand obm gwön wárnd hánd ohne Köpf gwön, weils an Selbstauslöser z'tiaf eingstoid ghabt ham.

Wos sunnst nu ois gwön is, kann i nöt sagn, wei i irgendwann eingschlafm bi. I woaß grad nu, da mar mein Frau áfoamoi an Renner gebm hat, wei i an Trám a so an Schnapper gmacht han. Da habms dann recht schnell mit da Diavorführung áfgherd und es is koa rechtö Stimmung nimmer áfkemma. Mir ham uns ehzeit voabschiedt und ham gschaut, da mar weiter kemma hánd. Vo a Einladung hanö wieder für a Zeit gnua.

Dádadert = aufgeregt, unwissend
Gred = gepflasterter Gehsteig vor dem Haus
Rei(n)erl = flaches Blech- oder Eisengeschirr
Renner = Rempler, Stoß
ehzeit = baldigst

I sejbm

Hier und da sag i - wárs ma ganz recht
hier und da klag i - geht's ma recht schlecht
hier und da plärr i - hörts endli zua
hier und da rehr i - wia a ganz kloana Bua.

Hier und da reiß i - s'Wort ausn Satz
hier und da schmeiß i - mei Gfuil áfm Platz
hier und da zrenn i - mehr ois i richt
hier und da kenn i - grad s'Recht und koa Pflicht.

Hier und da schmöck i - d'Wiesn und d'Sunn
hier und da wöck i - mein eingschlafna Brunn
hier und da bin i - Lausbua und Schejm
Kaiser und Kini - oafach i sejbm.

Hoamatland 2000

Hoamatland, Hoamatland
i erkenn di frei nöt
wei dein Gsicht hams voschándlt
und so fremd klingt dein Röd.

Deine Bám hánd ganz braun wordn
gifti s'Wasser vo dein Brunn
wei dei Regn macht ois sauer
und krank macht mi dei Sunn.

Dahoam is dahoam
do i findt nimmer hi
wei dö Hoamat is ma fremd wordn
und fremd bin ihr á i.

Inhalt